Niwronau a Dyslecsia

Marielle Bayliss

Lluniau gan Kellyanne Thorne

GRAFFEG

Helô, fi yw Dilys y niwron.

Bydda i'n mynd â ti ar siwrne sydyn drwy gorff ac ymennydd Soffia. Dwi'n symud yn gyflym, felly rho dy drenyrs am dy draed, a dere gyda fi!

Beth yw niwron?

Mae llawer o niwronau yn dy gorff. Cyn gynted ag yr wyt ti wedi penderfynu gwneud rhywbeth, byddwn ni'n dy helpu i'w wneud.

Mae rhai niwronau yn dy helpu i weld.

Dwi'n gweld donyts!

Mae rhai yn dy helpu i symud.

Neu i flasu.

Fe wnawn ni hyn i gyd mewn llai na chwinciad! (Ry'n ni'n helpu i wneud hynny hefyd.)

Ond mae ambell beth yn ein helpu ni.

I'W GWNEUD:
Chwincio
Anadlu
Pecial
Sniffian

Yr Ymennydd

Er ei fod yn edrych braidd fel jeli, mae hwn yn siwper-cyfrifiadur!

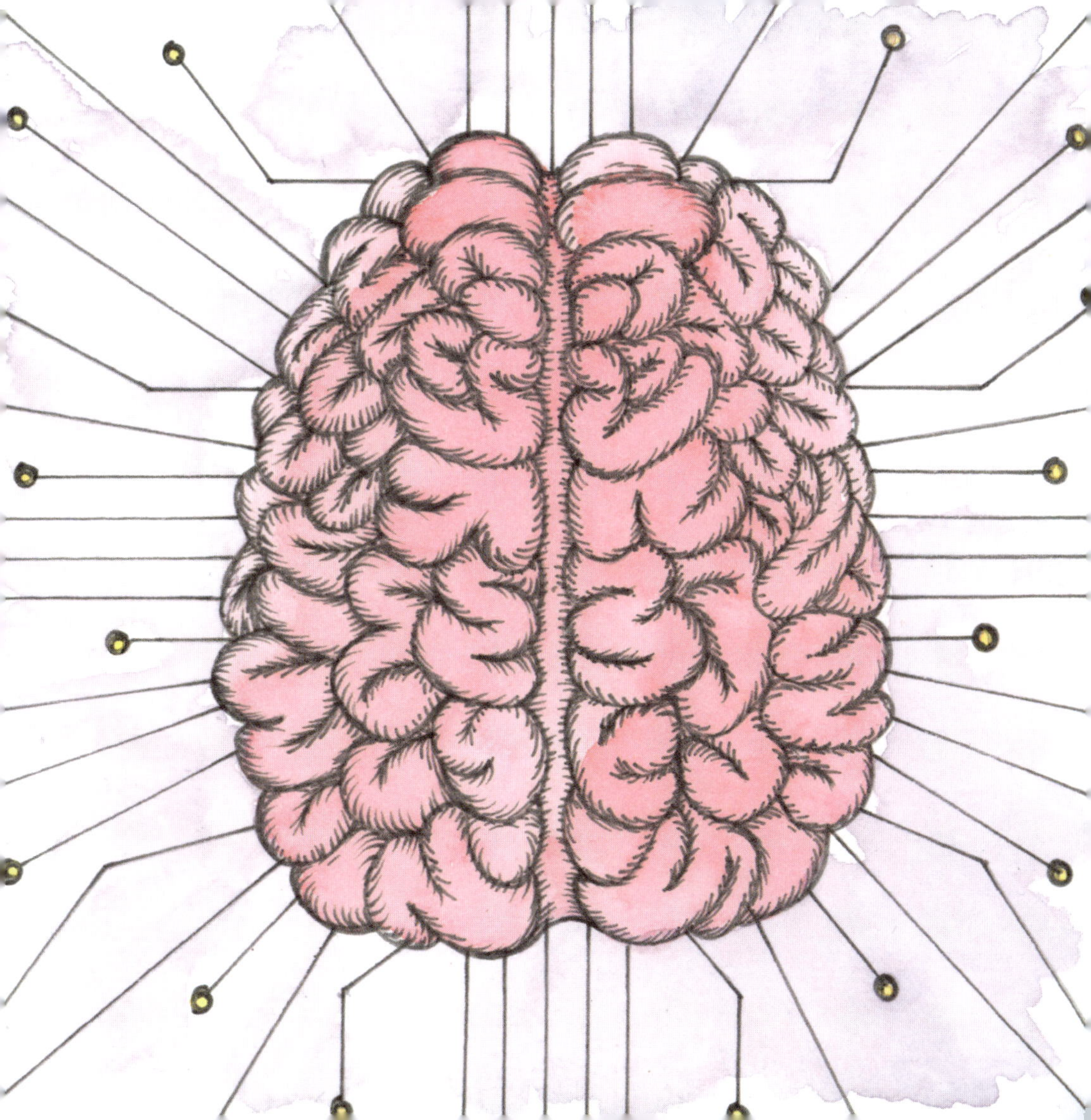

Mae'n fawr am ei fod yn gwneud pob un o benderfyniadau'r corff, o bob symudiad i bob teimlad.

Mae ei rychau – sy'n cael eu galw'n blygiadau – yn ei helpu i ffitio ym mhen Soffia.

Mae niwronau yn anfon negeseuon i'r ymennydd. Ry'n ni'n rhoi gwybod iddo beth mae corff Soffia yn ei deimlo, ei weld, ei flasu neu'n ei glywed.

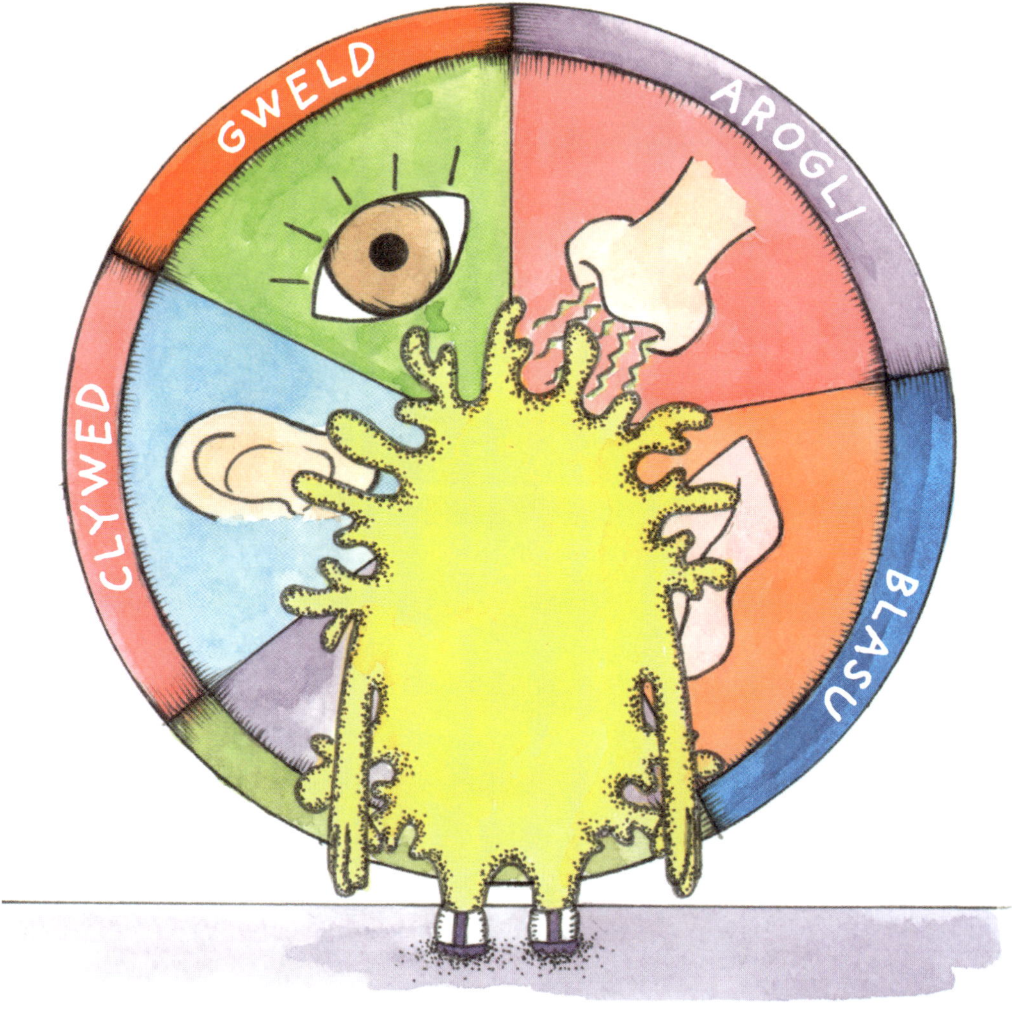
GWELD
AROGLI
BLASU
CLYWED

Mae'r ymennydd yn gwneud penderfyniadau yn seiliedig ar ein negeseuon. Mae hyd yn oed yn penderfynu a yw rhywbeth yn ddoniol ...

... ai peidio.

Gwahanol Ymennydd

Mae pob ymennydd yn edrych yn debyg ond maen nhw'n gweithio mewn ffyrdd hollol wahanol.

Weithiau, pan mae Soffia'n darllen, mae'r llythrennau a'r geiriau fel petaen nhw'n dawnsio driphlith draphlith dros y dudalen.

Pan mae'n ysgrifennu, mae'n teimlo fel petai'r pensil am wneud siapiau o bob lliw a llun! Mae ymennydd Soffia wedi ei weirio'n wahanol. Mae gan Soffia ddyslecsia.

Dyslecsia

Mae cael dyslecsia yn golygu bod yr ymennydd wedi ei weirio'n wahanol, nid wedi ei weirio'n anghywir.

Mae ochr chwith yr ymennydd yn gofalu am eiriau, rhifau, amseru a threfn.

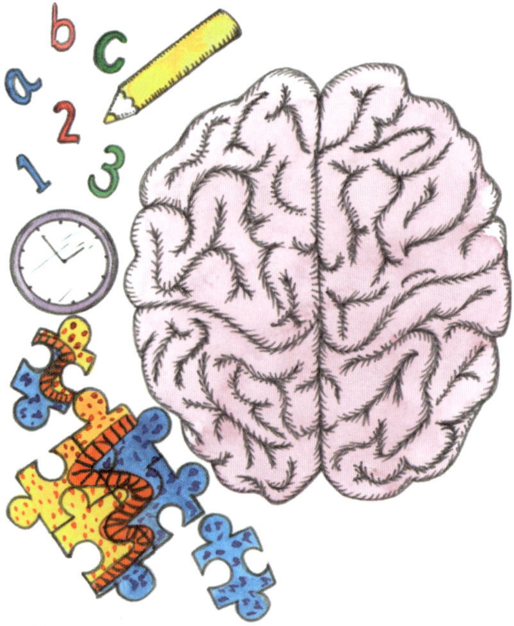

Mae'r ochr dde yn rheoli teimladau, creadigrwydd, dychymyg a'r cof.

Mae ymennydd Soffia yn dibynnu'n fwy ar ei ochr dde.

Pan mae hi'n darllen gair, mae'n cymryd llwybr hirach drwy'r ymennydd yn hytrach na chymryd y llwybr byr i'r rhan o'r ymennydd sy'n darllen.

DARLLEN
LLWYBR BYR
LLWYBR HIR

Mae hyn yn golygu y gall darllen, ysgrifennu a gwneud maths gymryd mwy o amser i Soffia. Dyw e ddim yn golygu nad yw hi'n glyfar. I'r gwrthwyneb, a dweud y gwir!

Dyslecsia Soffia

Mae pob ymennydd yn unigryw, ac mae'r dyslecsia sydd gan bob person yn unigryw hefyd. Dyma sut gall dyslecsia Soffia fod yn anodd:

- Mae hi'n anghofio trefn pethau.
- Mae'n cymryd mwy o amser i ddarllen ac ysgrifennu.
- Mae cael trefn ar bethau'n anodd iddi.
- Gall cyfeiriadau a chyfarwyddiadau fod yn gymysglyd.
- Mae hi'n blino wrth orfod canolbwyntio mwy.

Rho nhw mewn rhes
Un tro i'r dde
Rho un tro iddo
Dal ati!

Mae dyslecsia hefyd yn ei helpu mewn ffyrdd anhygoel:

- Mae hi'n sylwi ar bethau mae pobl eraill yn eu colli.
- Mae hi'n dda yn datrys problemau.
- Mae hi'n gweld pethau'n glir yn ei meddwl.
- Mae hi'n wych am adrodd stori.
- Mae hi'n greadigol.
- Mae ganddi gof da am ddelweddau a straeon.
- Mae hi'n llawn syniadau anarferol.

Ffordd wahanol o ddysgu

Weithiau mae'r dyslecsia yn gwneud i Soffia deimlo'n rhwystredig.

Gall hi osgoi ysgrifennu am ei fod yn cymryd mwy o amser.

Neu esgus nad yw hi'n deall rhywbeth er mwyn osgoi peidio tynnu sylw ati hi'i hun.

Ond mae Soffia hefyd yn gwybod bod gan ymennydd creadigol a bywiog fwy o gwestiynau nag atebion.

Mmm, gwybodaeth flasus!

Fedra i ddim cyrraedd y bêl!

A bod ei hymennydd hi'n darganfod ffordd o wneud pethau y mae eraill yn methu eu gwneud!

Mae Soffia'n gwybod nad anhawster dysgu yw dyslecsia ...

... ond ei fod yn ffordd wahanol o ddysgu!

Efallai fydd hi'n cymryd mwy o amser.

Efallai fydd ei siwrne hi'n wahanol.

Ond mi fydd Soffia'n cyrraedd pen y daith yn ei hamser ei hun, ac yn ei ffordd unigryw ei hun.

Pan mae hi'n mynd amdani, does dim all rwystro ymennydd hon rhag ffrwydro gan syniadau!

Niwronau a Dyslecsia

Cyhoeddwyd yn wreiddiol dan y teitl *Neurons and Dyslexia* yn 2025 gan Graffeg Cyf.

ISBN 9781805950950

Graffeg Cyf., 15 Cwrt Neptune, Ffordd Vanguard, Caerdydd CF24 5PJ, Cymru, DU. Ffôn 01554 824000. croeso@graffeg.com www.graffeg.com

Argraffwyd gan FINIDR, s.r.o., Czechia.

Mae cofnod catalog CIP ar gyfer y llyfr hwn ar gael o'r Llyfrgell Brydeinig.

Dymuna'r cyhoeddwr gydnabod cymorth ariannol Cyngor Llyfrau Cymru, www.gwales.com.

Teitlau'r gyfres:

Niwronau ac Epilepsi
ISBN 9781805950929

Niwronau ac Awtistiaeth
ISBN 9781805950936

Niwronau a Dyspracsia (ACD)
ISBN 9781805950943

Niwronau a Dyslecsia
ISBN 9781805950950

Niwronau a Syndrom Tourette
ISBN 9781805950967

Niwronau ac ADHD
ISBN 9781805950974

Am fwy o wybodaeth sganiwch y cod QR:

Ariennir gan
Lywodraeth Cymru
Funded by
Welsh Government

CYMYSG
Papur o ffynhonnell gynaliadwy
FSC® C014138